MEDITRAIN Zentralstelle für Testtraining des IFT
Institut für Testforschung & Testtraining, Köln (Hrsg.):

Klaus Gabnach

Studien zur Vorbereitung des EMS-TMS

Aufgabensammlung zu den Untertests

Muster zuordnen
Schlauchfiguren
Figuren lernen
Fakten lernen

176 Aufgaben im Originalformat mit Lösungsschlüssel

Meditrain -Verlag Klaus Gabnach
7. überarbeitete und aktualisierte Auflage 2015

meditrain
Institut für Testforschung und Testtraining Köln. Seit 1985.

7. überarbeitete und aktualisierte Auflage 2015

Printed in Germany

© 1995 - 2015 by Meditrain-Verlag Klaus Gabnach
 Brauweiler Straße 14
 50859 Köln

ISBN 978-3-930715-01-5

Inhaltsverzeichnis

Aufbau und zeitlicher Ablauf des TMS   5

Muster zuordnen 1   6

Schlauchfiguren 1   12

Muster zuordnen 2   21

Schlauchfiguren 2   27

Figuren lernen 1 (Einprägephase)   36
Figuren lernen 1 (Reproduktionsphase)   38

Fakten lernen 1 (Einprägephase)   40
Fakten lernen 1 (Reproduktionsphase)   41

Figuren lernen 2 (Einprägephase)   44
Figuren lernen 2 (Reproduktionsphase)   46

Fakten lernen 2 (Einprägephase)   48
Fakten lernen 2 (Reproduktionsphase)   49

Antwortbogen   52

Lösungsschlüssel   55

MEDITRAIN

Zentralstelle für Testtraining des IFT
Instituts für Testforschung & Testtraining Köln

Bietet 1- bis 5-tägige TMS-EMS-Intensiv-Trainingsseminare zum Eignungstest Medizin (EMS-TMS)

- Schulung anhand Ihnen unbekannter EMS/TMS-Übungsaufgaben
- Der Testablauf wird detailgenau simuliert. Zeitplanung, Organisation, Dauer und Reihenfolge der Untertests entsprechen exakt dem Ernstfall.
- Sie lernen Ihre Stärken und Schwächen bei der Bearbeitung der einzelnen Untertests kennen
- Wir vermitteln Ihnen effektive Lösungs- und Arbeitsstrategien für die verschiedenen Aufgabentypen des TMS/EMS
- Sie üben testwirksame Konzentrations- und Entspannungstechniken – entspannt arbeiten Sie konzentrierter und schaffen mehr Aufgaben als unter Stress.
- Sie erfahren wie Ihre „Konkurrenten" arbeiten und sich zusätzlich auf den Medizinertest vorbereiten.
- Sie lernen, auf welches Arbeitstempo Sie sich bei der Bearbeitung der einzelnen Untertests einstellen müssen.
- Während der Testsimulation werden Sie von einem Trainer beobachtet, der Ihr Verhalten registriert, analysiert und Sie individuell berät.
- In einem speziellen Mathematiktraining erarbeiten wir mit Ihnen die Grundlagen zur Bewältigung des Untertests „Quantitative und formale Probleme".
- Sie lernen Punkte zu machen, wo das schnell und sicher möglich ist.
- Unsere Erfolgstrainer haben alle eine testrelevante Hochschulausbildung, sind Testexperten und befassen sich seit mehr als 15 Jahren mit dem Eignungstest für das Medizinstudium.
- Meditrain gilt als Pionier in der Vorbereitung auf den Medizinertest und wird von vielen Anwaltskanzleien und privaten Bildungseinrichtungen als bestes Ausbildungsinstitut empfohlen.

Unsere von Spezialisten geleiteten, professionellen Vorbereitungsseminare, können Sie in vielen Stadten der Bundesrepublik Deutschland, in Österreich und der Schweiz buchen. Besuchen Sie uns auf unserer homepage im Internet unter:

www.tms-medizinertest.de
www.ems-eignungstest.ch

Unser Ziel ist Ihr Erfolg! Und für den setzen wir uns kompromisslos ein!

Aufbau und zeitlicher Ablauf des TMS

Name des Untertests	Aufgabenzahl	Arbeitszeit
Teil A		
Muster zuordnen	24[*]	22 min
Medizinisch-naturwissenschaftliches Grundverständnis	24[*]	60 min
Schlauchfiguren	24[*]	15 min
Quantitative und formale Probleme	24[*]	60 min
Konzentriertes und sorgfältiges Arbeiten	20[**]	8 min
Mittagspause		60 min
Lernheft		
Einprägephase Figuren lernen	20	4 min
Einprägephase Fakten lernen	15[***]	6 min
Teil B		
Textverständnis	24[*]	60 min
Reproduktionsphase Figuren lernen	20	5 min
Reproduktionsphase Fakten lernen	20	7 min
Diagramme und Tabellen	24[*]	60 min
Gesamttest (ohne Pause)	204	ca. 5 h

[*]   Nicht alle Aufgaben werden gewertet (Blindaufgaben)
[**]   Umgerechnet aus 1200 zu bearbeitenden Zeichen
[***] Jeweils aus 5 Items bestehende Datensätze

Testbeginn: ca. 9.00 Uhr
Testende: ca. 15.30 Uhr

Muster zuordnen 1   **Bearbeitungszeit: 22 Minuten**

In den folgenden Aufgaben wird Ihre Fähigkeit geprüft, Ausschnitte in einem komplexen Bild wiederzuerkennen.

Dazu werden pro Aufgabe ein "Muster" und je fünf "Musterausschnitte" (A) bis (E) vorgegeben. Sie sollen herausfinden, welcher dieser fünf "Musterausschnitte" an irgendeiner beliebigen Stelle deckungsgleich und vollständig auf das "Muster" gelegt werden kann; die "Musterausschnitte" sind weder vergrößert oder verkleinert noch gedreht oder gekippt.

Beispielaufgabe:

"Muster"   "Musterausschnitte"

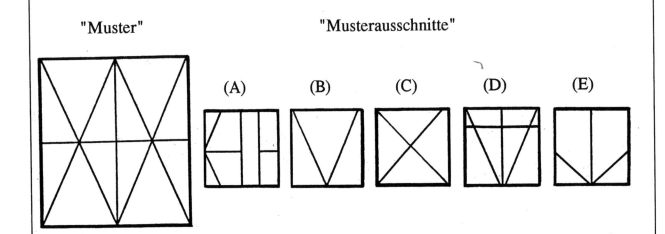

Die Lösung ist (B); dieser "Musterausschnitt" ist deckungsgleich mit einem Bereich im rechten oberen Viertel des "Musters".

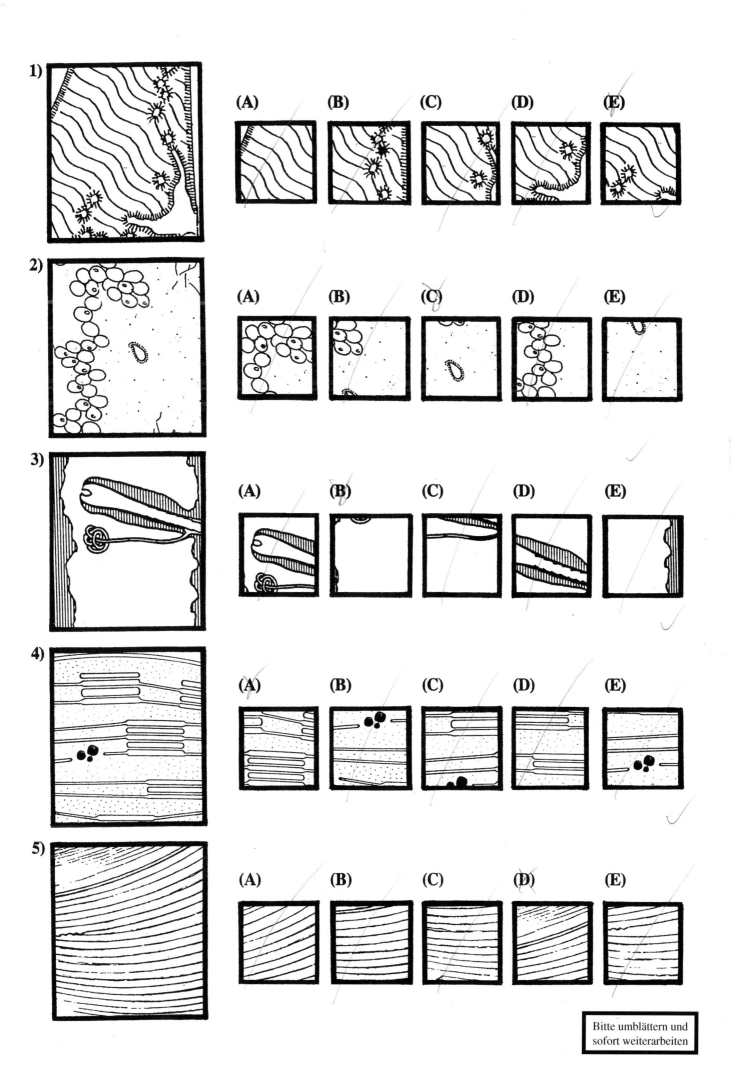

Bitte umblättern und sofort weiterarbeiten

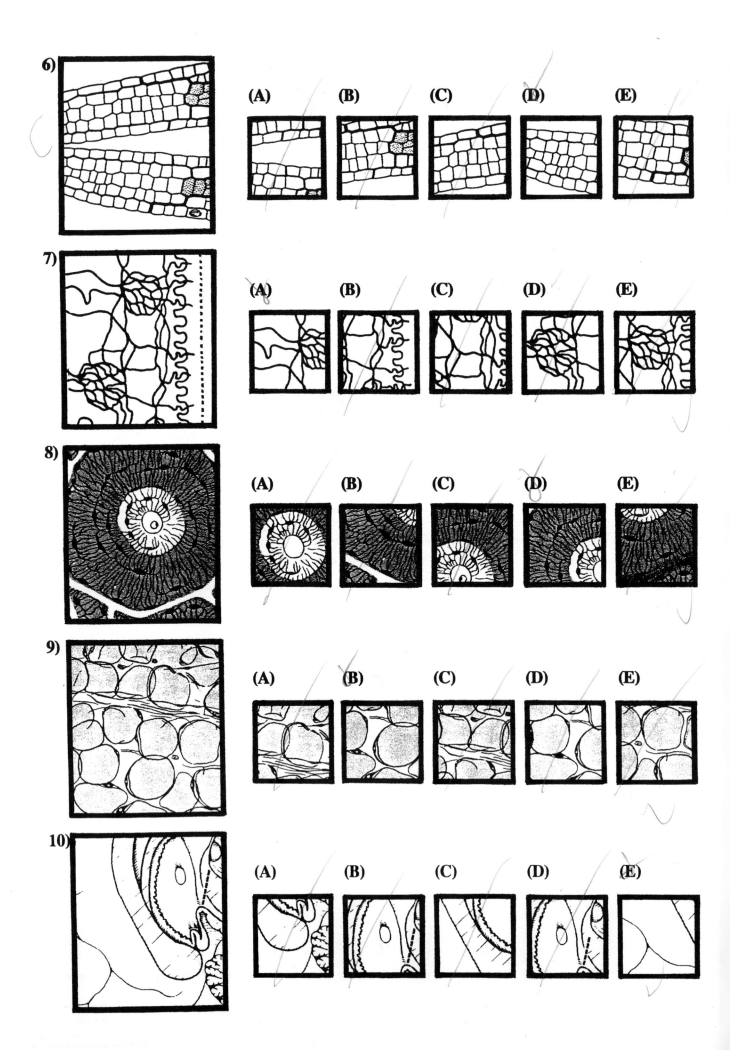

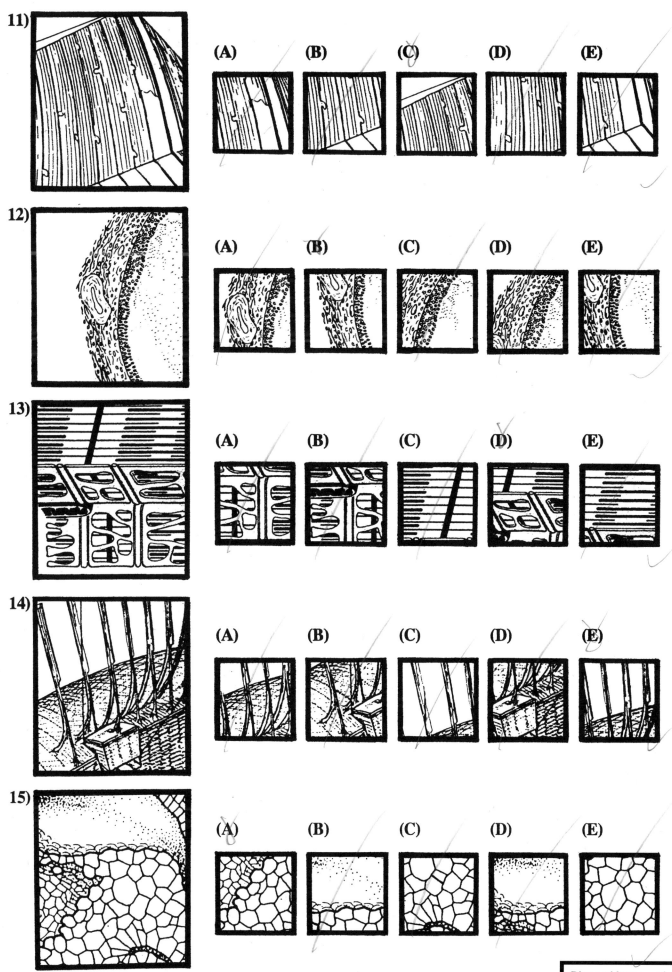

Bitte umblättern und sofort weiterarbeiten

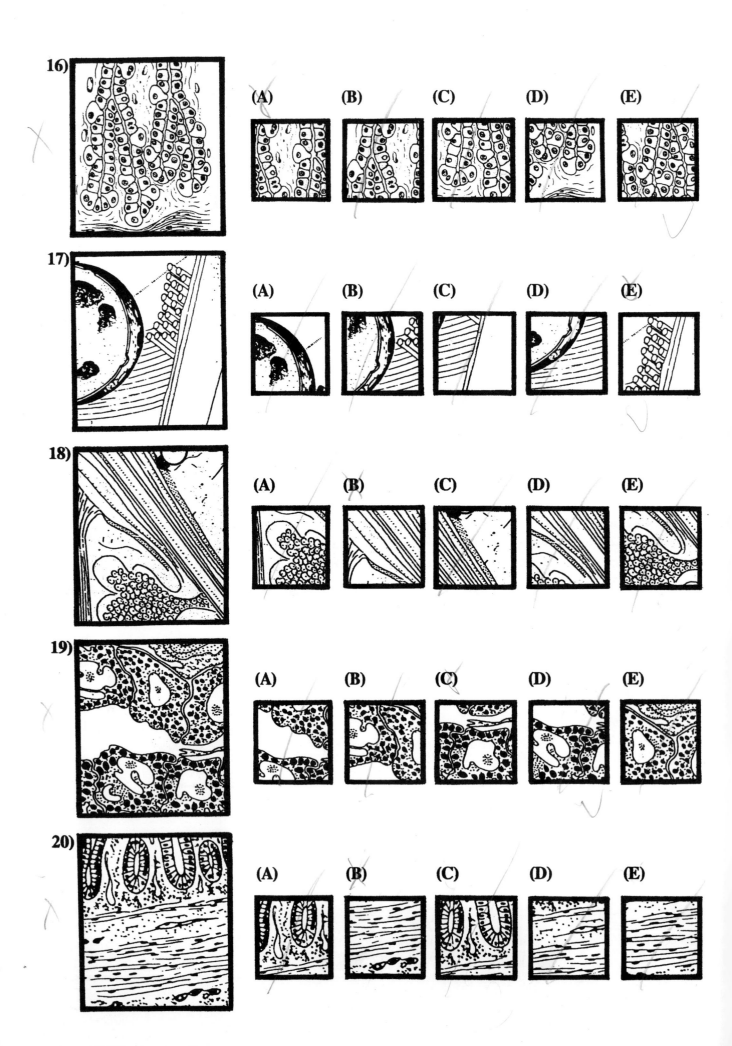

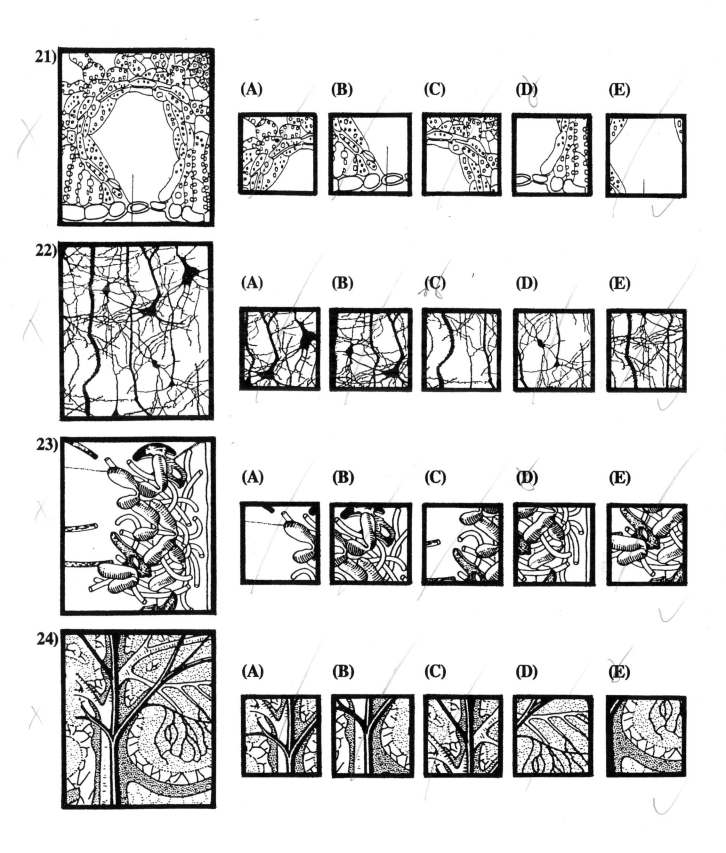

17 beah

Schlauchfiguren 1   Bearbeitungszeit: 15 Minuten

Die folgenden Aufgaben prüfen Ihr räumliches Vorstellungsvermögen. Jede der Aufgaben besteht aus zwei Abbildungen eines durchsichtigen Würfels, in dem sich ein oder zwei Kabel befinden. Die erste Abbildung (links) zeigt Ihnen <u>stets die Vorderansicht</u> (Frontansicht) des Würfels; auf dem rechten Bild daneben ist derselbe Würfel noch einmal abgebildet; Sie sollen herausfinden, ob von rechts (r), links (l), unten (u), oben (o) oder hinten (h).

Beispielaufgabe:

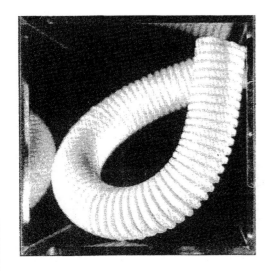
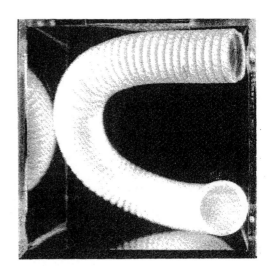

(A) : r
(B) : l
(C) : u
(D) : o
(E) : h

Hier sehen Sie den Würfel von <u>vorne</u>!   Hier sehen Sie den Würfel von ___?

Auf dem rechten Bild sehen Sie den Würfel von <u>oben</u>; Sie müßten auf Ihrem Antwortbogen unter der entsprechenden Aufgabennummer (D) markieren.

49)

(A) : r
(B) : l
(C) : u
(D) : o
(E) : h

50)

(A) : r
(B) : l
(C) : u
(D) : o
(E) : h

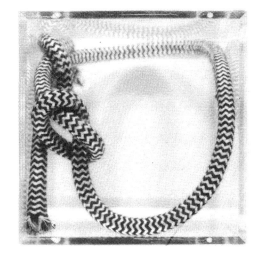

51)

(A) : r
(B) : l
(C) : u
(D) : o
(E) : h

Bitte umblättern und
sofort weiterarbeiten

52)

(A) : r
(B) : l
(C) : u
(D) : o
(E) : h

53)

(A) : r
(B) : l
(C) : u
(D) : o
(E) : h

54)

(A) : r
(B) : l
(C) : u
(D) : o
(E) : h

55)

(A) : r
(B) : l
(C) : u
(D) : o
(E) : h

56)

(A) : r
(B) : l
(C) : u
(D) : o
(E) : h

57)

(A) : r
(B) : l
(C) : u
(D) : o
(E) : h

Bitte umblättern und
sofort weiterarbeiten

58)

(A) : r
(B) : l
(C) : u
(D) : o
(E) : h

59)

(A) : r
(B) : l
(C) : u
(D) : o
(E) : h

60)

(A) : r
(B) : l
(C) : u
(D) : o
(E) : h

61)

(A) : r
(B) : l
(C) : u
(D) : o
(E) : h

62)

(A) : r
(B) : l
(C) : u
(D) : o
(E) : h

63)

(A) : r
(B) : l
(C) : u
(D) : o
(E) : h

Bitte umblättern und
sofort weiterarbeiten

64)

(A) : r
(B) : l
(C) : u
(D) : o
(E) : h

65)

(A) : r
(B) : l
(C) : u
(D) : o
(E) : h

66)

(A) : r
(B) : l
(C) : u
(D) : o
(E) : h

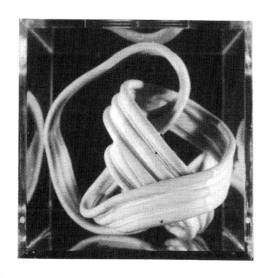

67)

(A) : r
(B) : l
(C) : u
(D) : o
(E) : h

68)

(A) : r
(B) : l
(C) : u
(D) : o
(E) : h

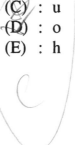

69)

(A) : r
(B) : l
(C) : u
(D) : o
(E) : h

Bitte umblättern und sofort weiterarbeiten

70)

(A) : r
(B) : l
(C) : u
(D) : o
(E) : h

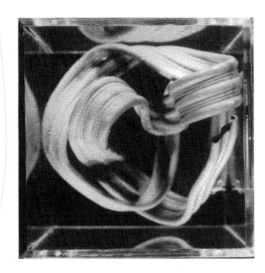

71)

(A) : r
(B) : l
(C) : u
(D) : o
(E) : h

72)

(A) : r
(B) : l
(C) : u
(D) : o
(E) : h

Muster zuordnen 2   **Bearbeitungszeit: 22 Minuten**

In den folgenden Aufgaben wird Ihre Fähigkeit geprüft, Ausschnitte in einem komplexen Bild wiederzuerkennen.

Dazu werden pro Aufgabe ein "Muster" und je fünf "Musterausschnitte" (A) bis (E) vorgegeben. Sie sollen herausfinden, welcher dieser fünf "Musterausschnitte" an irgendeiner beliebigen Stelle deckungsgleich und vollständig auf das "Muster" gelegt werden kann; die "Musterausschnitte" sind weder vergrößert oder verkleinert noch gedreht oder gekippt.

Beispielaufgabe:

"Muster"   "Musterausschnitte"

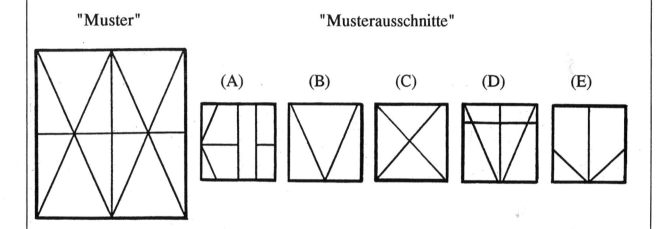

(A)   (B)   (C)   (D)   (E)

Die Lösung ist (B); dieser "Musterausschnitt" ist deckungsgleich mit einem Bereich im rechten oberen Viertel des "Musters".

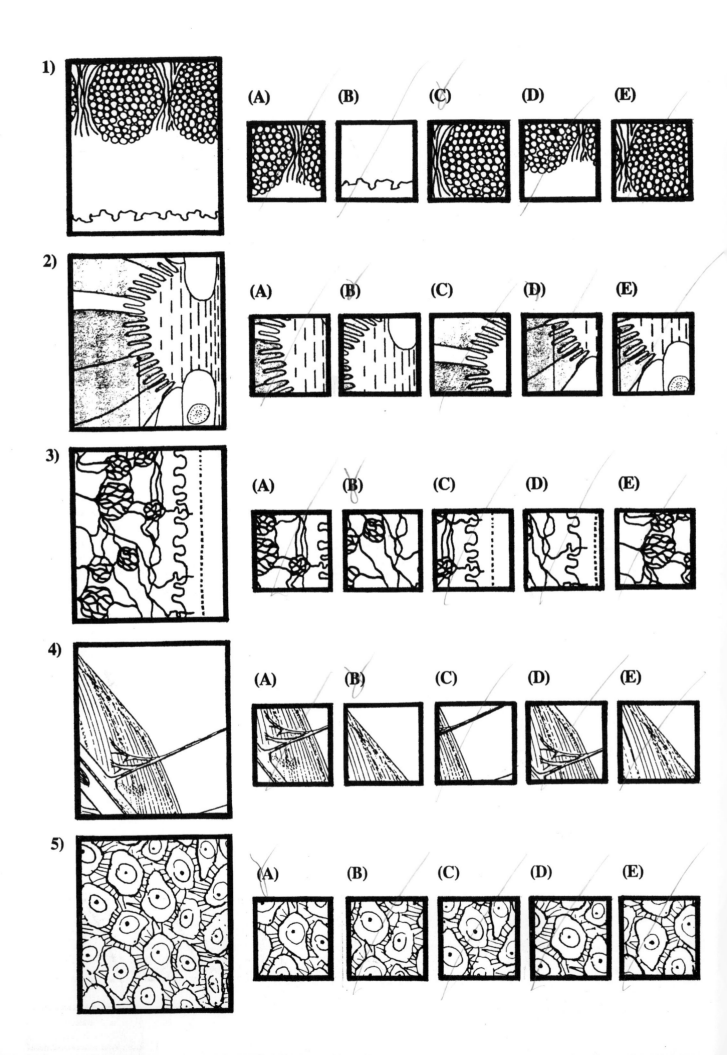

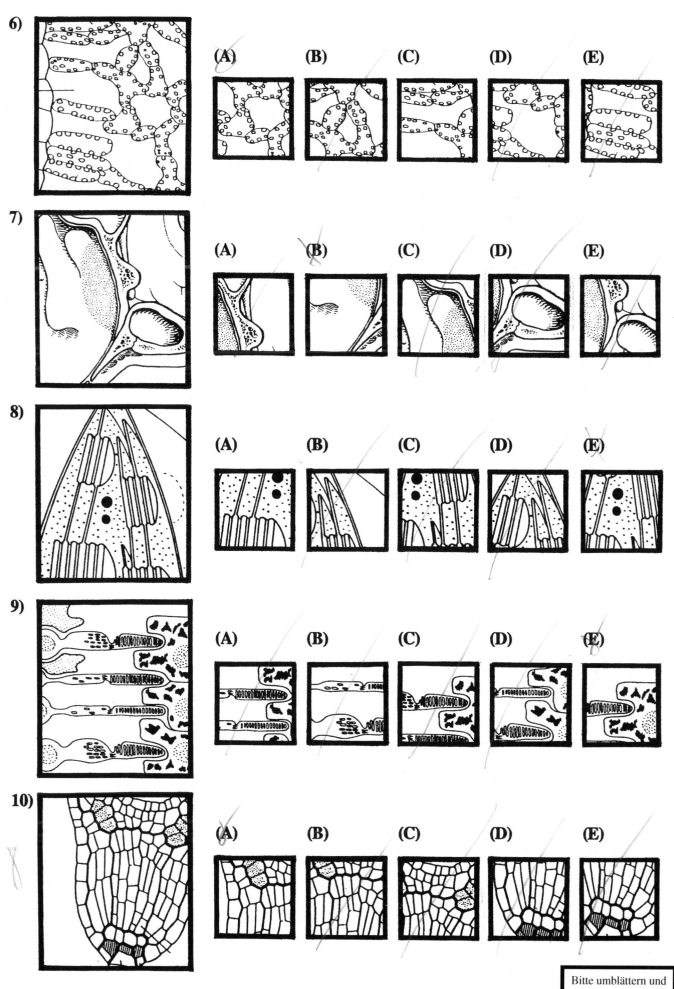

Bitte umblättern und sofort weiterarbeiten

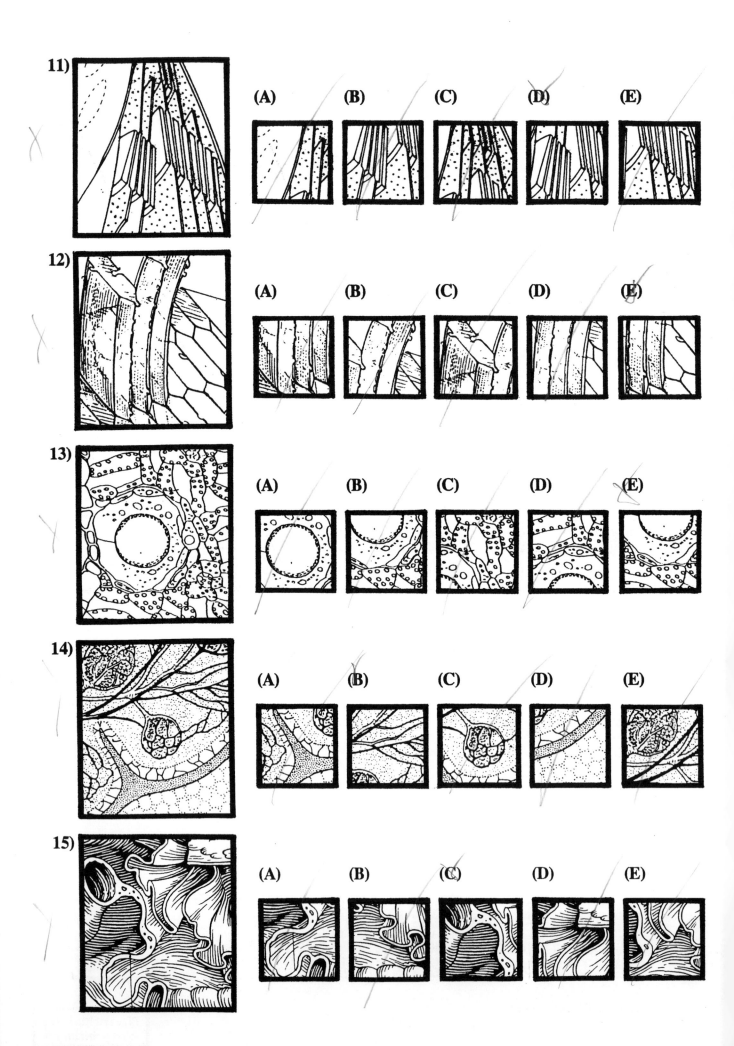

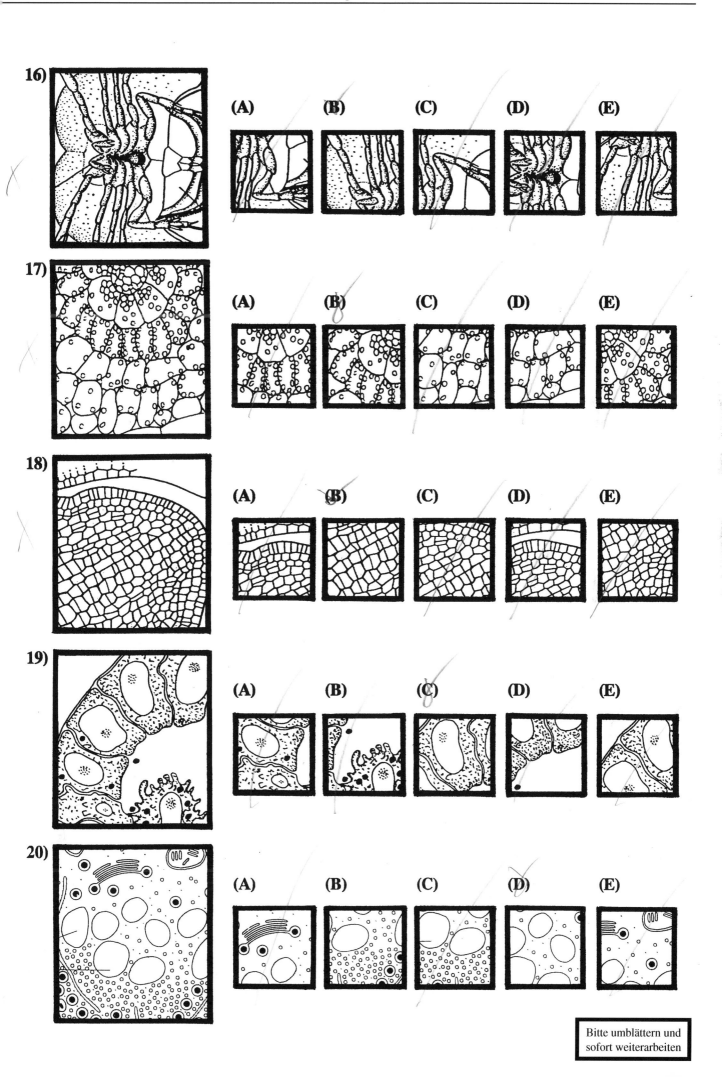

Bitte umblättern und sofort weiterarbeiten

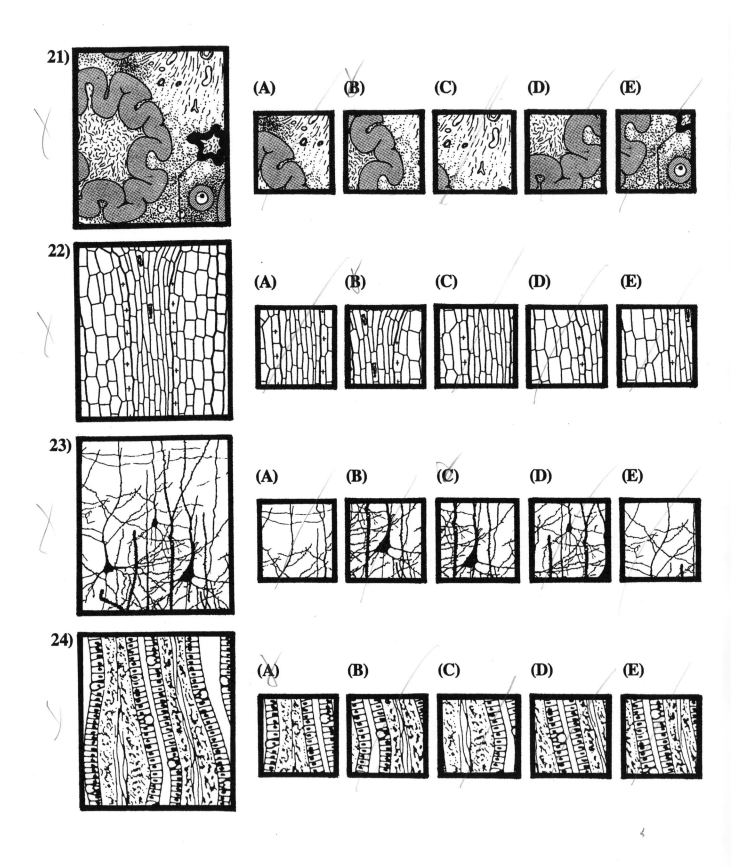

Schlauchfiguren 2   Bearbeitungszeit: 15 Minuten

Die folgenden Aufgaben prüfen Ihr räumliches Vorstellungsvermögen. Jede der Aufgaben besteht aus zwei Abbildungen eines durchsichtigen Würfels, in dem sich ein oder zwei Kabel befinden. Die erste Abbildung (links) zeigt Ihnen stets die Vorderansicht (Frontansicht) des Würfels; auf dem rechten Bild daneben ist derselbe Würfel noch einmal abgebildet; Sie sollen herausfinden, ob von rechts (r), links (l), unten (u), oben (o) oder hinten (h).

Beispielaufgabe:

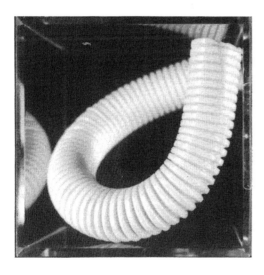

(A) : r
(B) : l
(C) : u
(D) : o
(E) : h

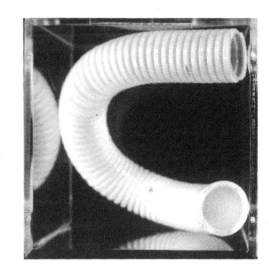

Hier sehen Sie den Würfel von <u>vorne</u>!   Hier sehen Sie den Würfel von __?

Auf dem rechten Bild sehen Sie den Würfel von <u>oben</u>; Sie müßten auf Ihrem Antwortbogen unter der entsprechenden Aufgabennummer (D) markieren.

49)

(A) : r
(B) : l
(C) : u
(D) : o
(E) : h

50)

(A) : r
(B) : l
(C) : u
(D) : o
(E) : h

51)

(A) : r
(B) : l
(C) : u
(D) : o
(E) : h

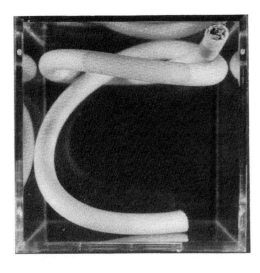

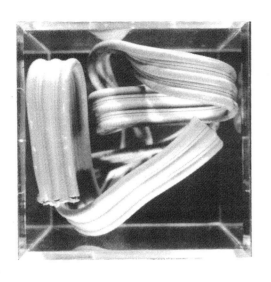

52)

(A) : r
(B) : l
(C) : u
(D) : o
(E) : h

53)

(A) : r
(B) : l
(C) : u
(D) : o
(E) : h

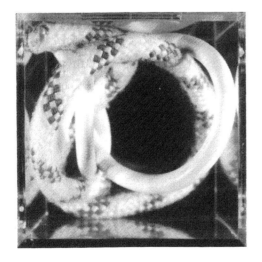

54)

(A) : r
(B) : l
(C) : u
(D) : o
(E) : h

Bitte umblättern und sofort weiterarbeiten

55)

(A) : r
(B) : l
(C) : u
(D) : o
(E) : h

56)

(A) : r
(B) : l
(C) : u
(D) : o
(E) : h

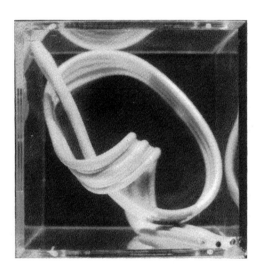

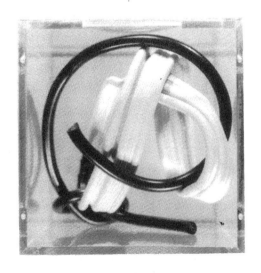

57)

(A) : r
(B) : l
(C) : u
(D) : o
(E) : h

58)

(A) : r
(B) : l
(C) : u
(D) : o
(E) : h

59)

(A) : r
(B) : l
(C) : u
(D) : o
(E) : h

60)

(A) : r
(B) : l
(C) : u
(D) : o
(E) : h

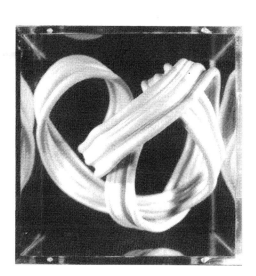

Bitte umblättern und sofort weiterarbeiten

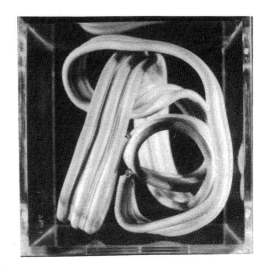

61)

(A) : r
(B) : l
(C) : u
(D) : o
(E) : h

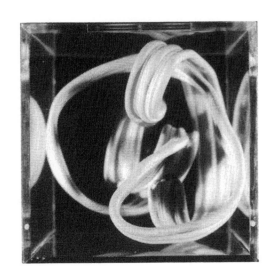

62)

(A) : r
(B) : l
(C) : u
(D) : o
(E) : h

63)

(A) : r
(B) : l
(C) : u
(D) : o
(E) : h

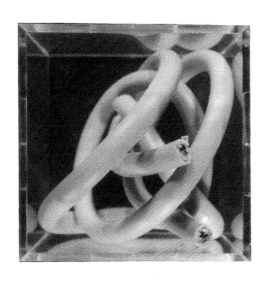

64)

(A) : r
(B) : l
(C) : u
(D) : o
(E) : h

65)

(A) : r
(B) : l
(C) : u
(D) : o
(E) : h

66)

(A) : r
(B) : l
(C) : u
(D) : o
(E) : h

Bitte umblättern und
sofort weiterarbeiten

67)

(A) : r
(B) : l
(C) : u
(D) : o
(E) : h

68)

(A) : r
(B) : l
(C) : u
(D) : o
(E) : h

69)

(A) : r
(B) : l
(C) : u
(D) : o
(E) : h

70)

(A) : r
(B) : l
(C) : u
(D) : o
(E) : h

71)

(A) : r
(B) : l
(C) : u
(D) : o
(E) : h

72)

(A) : r
(B) : l
(C) : u
(D) : o
(E) : h

STOP

Figuren lernen (Einprägephase) 1   **Lernzeit: 4 Minuten**

Dieser Test prüft, wie gut Sie sich Einzelheiten von Gegenständen, die Sie mit dem Auge wahrnehmen, einprägen und merken können.

Es werden Ihnen 20 Figuren vorgegeben; ein Teil jeder Figur ist geschwärzt.

Ein Beispiel:

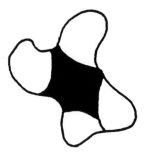

Die Lage der schwarzen Fläche sollen Sie nun so erlernen, daß Sie später angeben können, welcher Teil der Abbildung geschwärzt war. Die Figuren werden Ihnen dann jedoch in veränderter Reihenfolge vorgelegt.

Ein Beispiel für die Art, in der Sie später abgefragt werden:

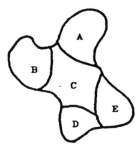

Die Lösung wäre dann (C).

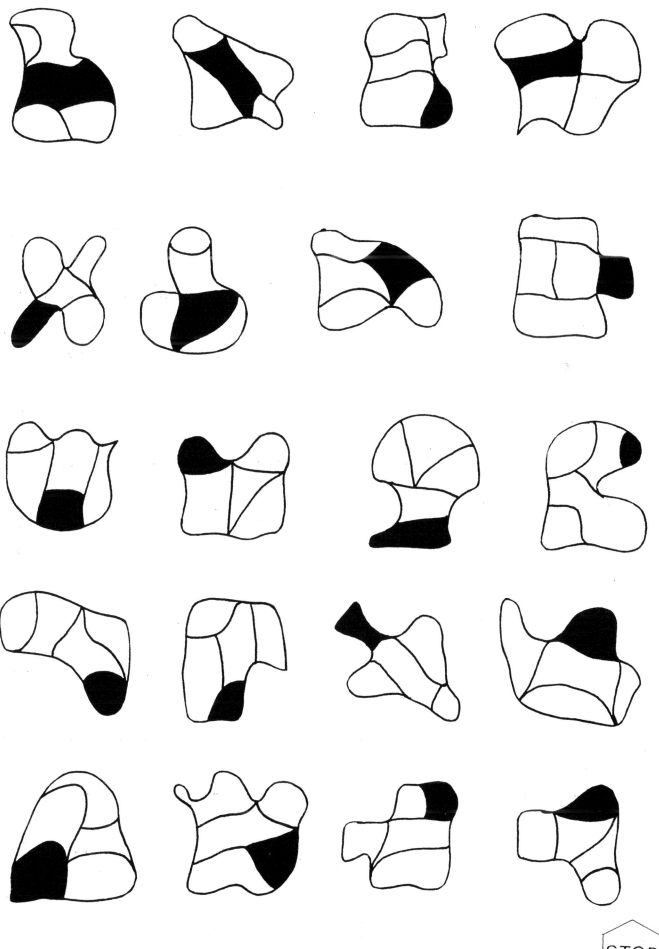

STOP

Figuren lernen (Reproduktionsphase) 1   **Bearbeitungszeit: 5 Minuten**

Geben Sie nun bitte an, welcher Teil jeder Figur im Lernheft schwarz ausgezeichnet war. Markieren Sie für jede Figur den Lösungsbuchstaben auf Ihrem Antwortbogen.

(Beachten Sie bitte die zeilenweise Abfolge der Figuren!)

Achtung!

Im TMS folgt die Reproduktionsphase im Abstand von ca. einer Stunde auf die Einprägephase. Während dieser Stunde sind im Test andere Aufgaben zu lösen.

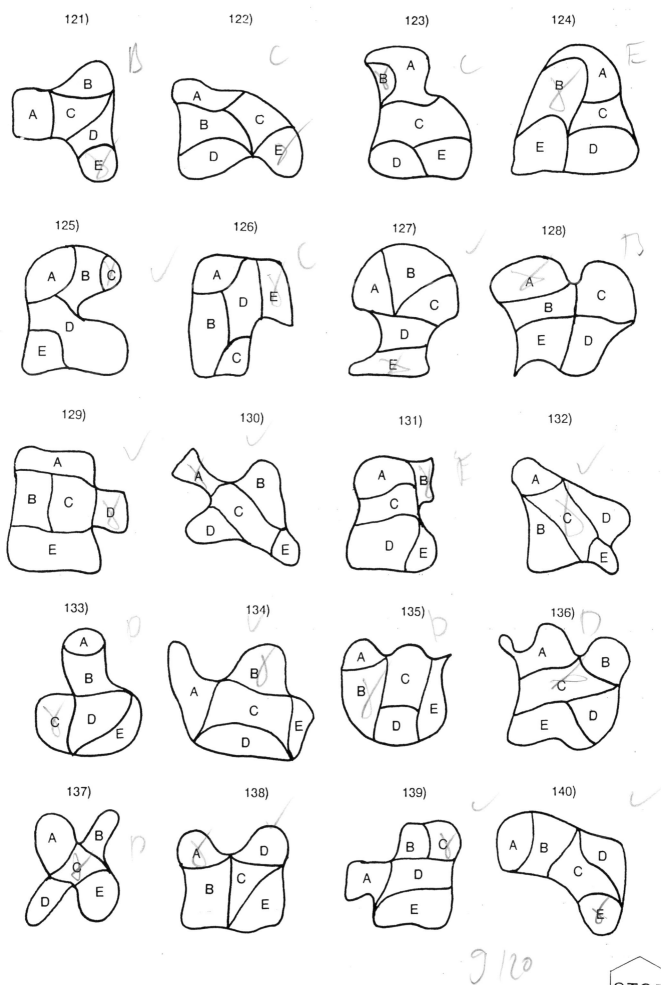

Fakten lernen (Einprägephase) 1   **Lernzeit: 6 Minuten**

Der folgende Untertest soll prüfen, wie gut Sie Fakten lernen und behalten können.

15 Patienten werden Ihnen vorgestellt; Sie erfahren jeweils den Namen, die Altersgruppe, den Beruf, ein weiteres Beschreibungsmerkmal (z.B. Familienstand und die Diagnose).

Ein Beispiel für eine derartige Fallbeschreibung:

       Lemke: ca. 30 Jahre, Dachdecker, ledig, Schädelbasisbruch

Ihre Aufgabe ist es nun, sich die Informationen über jede Person so einzuprägen, daß Sie später Fragen nach Details beantworten können. Eine solche Frage könnte z.B. lauten:

Der Patient mit dem Schädelbasisbruch ist von Beruf ...

(A) Installateur
(B) Lehrer
(C) Dachdecker
(D) Handelsvertreter
(E) Physiker

Die richtige Antwort wäre (C).

Rheiner,	ca. 20 Jahre, Zahnarzthelferin, empfindlich, Menstruationsstörungen
Oderle,	ca. 20 Jahre, Schwesternschülerin, kinderlieb, Eierstockentzündung
Maase,	ca. 20 Jahre, Krankenpfleger, traurig, Depressionen
Renner,	ca. 25 Jahre, Designer, homosexuell, Immunschwäche
Läufer,	ca. 25 Jahre, Architektin, ledig, Blinddarmentzündung
Gehder,	ca. 25 Jahre, Fotograf, flink, Gerstenkorn
Gärtner,	ca. 35 Jahre, Maurer, verheiratet, Gallensteine,
Beetz,	ca. 35 Jahre, Fliesenleger, fleißig, Fieber
Heckmann,	ca. 35 Jahre, Installateur, dick, Verstopfung
Fleischer,	ca. 45 Jahre, Lehrerin, ungeduldig, Kreislaufkollaps
Mezger,	ca. 45 Jahre, Direktor, autoritär, Heiserkeit
Schlachta,	ca. 45 Jahre, Sekretärin, kinderlos, Hämorrhoiden
Schweitzer,	ca. 60 Jahre, Malerin, eitel, Gicht
Öztürk,	ca. 60 Jahre, Schriftsteller, berühmt, Handverletzung
Österreich,	ca. 60 Jahre, Künstler, lebenslustig, Kreuzschmerzen

Fakten lernen (Reproduktionsphase) 1   Beantwortungszeit: 7 Minuten

Sie hatten zuvor versucht, sich die Charakterisierungen von mehreren Personen einzuprägen.

Nun sollen Sie einige Fragen zu diesen Personen beantworten.
(Beachten Sie bitte die spaltenweise Abfolge der Fragen!)

Achtung!

Im TMS folgt die Reproduktionsphase im Abstand von ca. einer Stunde auf die Einprägephase.
Während dieser Stunde sind im Text andere Aufgaben zu lösen.

Bitte umblättern und sofort weiterarbeiten

141) Herr Mezger leidet an ...

(A) Depressionen
(B) Gerstenkorn
(C) Gicht
(D) Heiserkeit
(E) Kreuzschmerzen

142) Die Patientin mit der
Blinddarmentzündung heißt ...

(A) Rheiner
(B) Schweitzer
(C) Schlachta
(D) Fleischer
(E) Läufer

143) Die kinderlose Patientin
ist von Beruf ...

(A) Lehrerin
(B) Architektin
(C) Sekretärin
(D) Malerin
(E) Zahnarzthelferin

144) Der verheiratete Patient
leidet an ...

(A) Gallensteinen
(B) Immunschwäche
(C) Verstopfung
(D) Kreuzschmerzen
(E) Fieber

145) Die Patientin mit der
Eierstockentzündung ist ...

(A) empfindlich
(B) kinderlieb
(C) ledig
(D) eitel
(E) kinderlos

146) Der Krankenpfleger hat ...

(A) Hämorrhoiden
(B) Gicht
(C) Depressionen
(D) eine Handverletzung
(E) Kreuzschmerzen

147) Der flinke Patient ist ...

(A) ca. 20 Jahre alt
(B) ca. 25 Jahre alt
(C) ca. 35 Jahre alt
(D) ca. 45 Jahre alt
(E) ca. 60 Jahre alt

148) Der Künstler ist ...

(A) berühmt
(B) ledig
(C) trauig
(D) fleißig
(E) lebenslustig

149) Der Installateur leidet an ...

(A) Verstopfung
(B) Fieber
(C) Depressionen
(D) einer Handverletzung
(E) Heiserkeit

150) Frau Schweitzer ist ...

(A) kinderlieb
(B) berühmt
(C) kinderlos
(D) eitel
(E) traurig

151) Der 45jährige Patient ist ...

(A) Maurer
(B) Direktor
(C) Fliesenleger
(D) Schriftsteller
(E) Fotograf

152) Herr Beetz ist ...

(A) ca. 20 Jahre alt
(B) ca. 25 Jahre alt
(C) ca. 35 Jahre alt
(D) ca. 45 Jahre alt
(E) ca. 60 Jahre alt

153) Der Fotograf ist ...

(A) flink
(B) autoritär
(C) fleißig
(D) berühmt
(E) kinderlos

154) Der dicke Patient ist von Beruf ...

(A) Direktor
(B) Schriftsteller
(C) Maurer
(D) Installateur
(E) Krankenpfleger

155) Der Patient mit der Depression heißt ...

(A) Renner
(B) Beetz
(C) Heckmann
(D) Mezger
(E) Maase

156) Die 60jährige Patientin leidet an ...

(A) Blinddarmentzündung
(B) Heiserkeit
(C) Gicht
(D) Verstopfung
(E) Fieber

157) Die Zahnarzthelferin ist ...

(A) kinderlieb
(B) kinderlos
(C) ungeduldig
(D) empfindlich
(E) ledig

158) Der Schriftsteller ist ...

(A) ca. 20 Jahre alt
(B) ca. 25 Jahre alt
(C) ca. 35 Jahre alt
(D) ca. 45 Jahre alt
(E) ca. 60 Jahre alt

159) Die Diagnose für den Designer lautet ...

(A) Immunschwäche
(B) Gallensteine
(C) Depressionen
(D) Gerstenkorn
(E) Verstopfung

160) Die Patientin mit dem Kreislaufkollaps ist von Beruf ...

(A) Sekretärin
(B) Lehrerin
(C) Malerin
(D) Architektin
(E) Zahnarzthelferin

Figuren lernen (Einprägephase) 2   **Lernzeit: 4 Minuten**

Dieser Test prüft, wie gut Sie sich Einzelheiten von Gegenständen, die Sie mit dem Auge wahrnehmen, einprägen und merken können.

Es werden Ihnen 20 Figuren vorgegeben; ein Teil jeder Figur ist geschwärzt.

Ein Beispiel:

Die Lage der schwarzen Fläche sollen Sie nun so erlernen, daß Sie später angeben können, welcher Teil der Abbildung geschwärzt war. Die Figuren werden Ihnen dann jedoch in veränderter Reihenfolge vorgelegt.

Ein Beispiel für die Art, in der Sie später abgefragt werden:

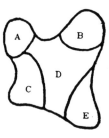

Die Lösung wäre dann (C).

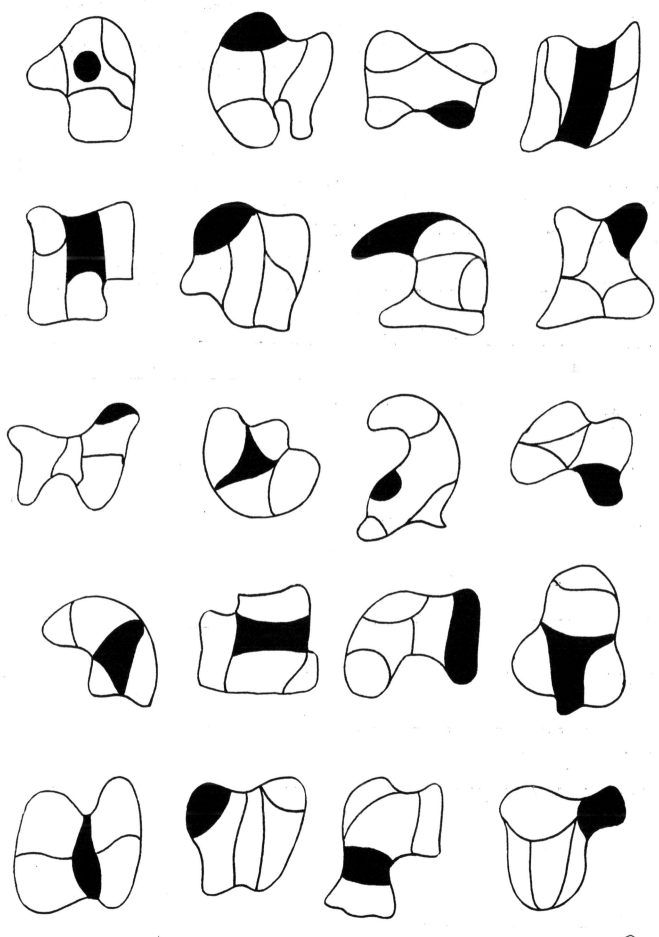

Figuren lernen (Reproduktionsphase) 2   **Bearbeitungszeit: 5 Minuten**

Geben Sie nun bitte an, welcher Teil jeder Figur im Lernheft schwarz ausgezeichnet war. Markieren Sie für jede Figur den Lösungsbuchstaben auf Ihrem Antwortbogen.

(Beachten Sie bitte die zeilenweise Abfolge der Figuren!)

Achtung!

Im TMS folgt die Reproduktionsphase im Abstand von ca. einer Stunde auf die Einprägephase. Während dieser Stunde sind im Test andere Aufgaben zu lösen.

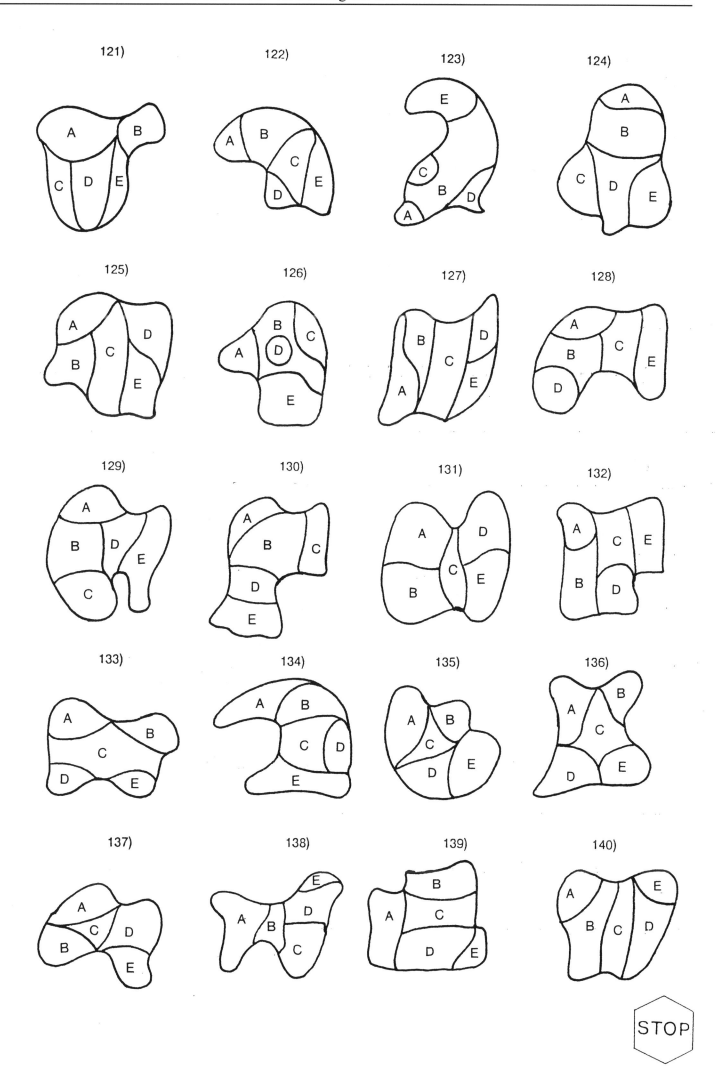

Fakten lernen (Einprägephase) 2   **Lernzeit: 6 Minuten**

Der folgende Untertest soll prüfen, wie gut Sie Fakten lernen und behalten können.

15 Patienten werden Ihnen vorgestellt; Sie erfahren jeweils den Namen, die Altersgruppe, den Beruf, ein weiteres Beschreibungsmerkmal (z.B. Familienstand und die Diagnose).

Ein Beispiel für eine derartige Fallbeschreibung:

    Lemke: ca. 30 Jahre, Dachdecker, ledig, Schädelbasisbruch

Ihre Aufgabe ist es nun, sich die Informationen über jede Person so einzuprägen, daß Sie später Fragen nach Details beantworten können. Eine solche Frage könnte z.B. lauten:

Der Patient mit dem Schädelbasisbruch ist von Beruf ...

(A) Installateur
(B) Lehrer
(C) Dachdecker
(D) Handelsvertreter
(E) Physiker

Die richtige Antwort wäre (C).

Grüne,   ca. 18 Jahre, Auszubildende, kontaktfreudig, Keuchhusten
Brauner,   ca. 18 Jahre, Landwirt, ledig, Grippe
Schwarz,   ca. 18 Jahre, Schüler, sportlich, Beinbruch

Meise,   ca. 25 Jahre, Sängerin, eitel, Sonnenallergie
Amsel,   ca. 25 Jahre, Gärtner, geschickt, Vergiftung
Geyer,   ca. 25 Jahre, Geiger, hektisch, Ohrenschmerzen

Dünn,   ca. 35 Jahre, Dachdecker, geschieden, Schädelbasisbruch
Klein,   ca. 35 Jahre, Kauffrau, einsam, Depressionen
Mager,   ca. 35 Jahre, Manager, erfolgreich, Magengeschwür

Feuerstein,   ca. 45 Jahre, Hausfrau, verheiratet, Schnittwunde
Feurich,   ca. 45 Jahre, Feuerwehrmann, schnell, Brandwunde
Feuerberg,   ca. 45 Jahre, Beamtin, kinderlos, Blähungen

Roth,   ca. 60 Jahre, Bürgermeister, selbstbewußt, Herzinfarkt
Rothermund,   ca. 60 Jahre, Schneiderin, verwirrt, Kopfschmerzen
Kleinrot   ca. 60 Jahre, Frührentner, geizig, Rheuma

STOP

Fakten lernen (Reproduktionsphase) 2   **Beantwortungszeit: 7 Minuten**

Sie hatten zuvor versucht, sich die Charakterisierungen von mehreren Personen einzuprägen.

Nun sollen Sie einige Fragen zu diesen Personen beantworten.
(Beachten Sie bitte die spaltenweise Abfolge der Fragen!)

Achtung!

Im TMS folgt die Reproduktionsphase im Abstand von ca. einer Stunde auf die Einprägephase.
Während dieser Stunde sind im Text andere Aufgaben zu lösen.

Bitte umblättern und sofort weiterarbeiten

141) Die verwirrte Schneiderin heißt ...

    (A) Grüne
    (B) Meise
    (C) Rothermund
    (D) Feuerberg
    (E) Klein

142) Der geschiedene Patient ist von Beruf ...

    (A) Bürgermeister
    (B) Dachdecker
    (C) Geiger
    (D) Manager
    (E) Landwirt

143) Herr Amsel leidet an ...

    (A) Grippe
    (B) Depressionen
    (C) einem Schädelbasisbruch
    (D) Rheuma
    (E) einer Vergiftung

144) Die Patientin mit dem Keuchhusten heißt ...

    (A) Rothermund
    (B) Feuerberg
    (C) Meise
    (D) Grüne
    (E) Klein

145) Der Landwirt hat ...

    (A) Rheuma
    (B) eine Brandwunde
    (C) ein Magengeschwür
    (D) Grippe
    (E) Ohrenschmerzen

146) Herr Geyer ist von Beruf ...

    (A) Geiger
    (B) Gärtner
    (C) Manager
    (D) Landwirt
    (E) Bürgermeister

147) Die einsame Patientin heißt ...

    (A) Feuerstein
    (B) Grüne
    (C) Meise
    (D) Klein
    (E) Rothermund

148) Der Patient mit der Brandwunde ist ...

    (A) kinderlos
    (B) geizig
    (C) schnell
    (D) erfolgreich
    (E) geschickt

149) Die Patientin mit den Blähungen ist ...

    (A) Hausfrau
    (B) Beamtin
    (C) Schneiderin
    (D) Kauffrau
    (E) Sängerin

150) Der Frührentner leidet an ...

    (A) Ohrenschmerzen
    (B) Grippe
    (C) Kopfschmerzen
    (D) Rheuma
    (E) Depressionen

151) Die 25jährige Patientin ist ...

   (A) ledig
   (B) einsam
   (C) eitel
   (D) verheiratet
   (E) verwirrt

152) Die Diagnose für den Manager lautet ...

   (A) Schädelbasisbruch
   (B) Beinbruch
   (C) Vergiftung
   (D) Keuchhusten
   (E) Magengeschwür

153) Der sportliche Patient ist ...

   (A) ca. 18 Jahre alt
   (B) ca. 25 Jahre alt
   (C) ca. 35 Jahre alt
   (D) ca. 45 Jahre alt
   (E) ca. 60 Jahre alt

154) Der Geiger ist ...

   (A) hektisch
   (B) geschickt
   (C) sportlich
   (D) selbstbewußt
   (E) geizig

155) Die verheiratete Patientin heißt ...

   (A) Rothermund
   (B) Feuerstein
   (C) Feuerberg
   (D) Klein
   (E) Meise

156) Der Bürgermeister hat ...

   (A) Kopfschmerzen
   (B) Ohrenschmerzen
   (C) ein Magengeschwür
   (D) Depressionen
   (E) einen Herzinfarkt

157) Der geschiedene Patient ist ...

   (A) ca. 18 Jahre alt
   (B) ca. 25 Jahre alt
   (C) ca. 35 Jahre alt
   (D) ca. 45 Jahre alt
   (E) ca. 60 Jahre alt

158) Frau Meise ist von Beruf ...

   (A) Kauffrau
   (B) Auszubildende
   (C) Schneiderin
   (D) Beamtin
   (E) Sängerin

159) Herr Mager ist ...

   (A) verheiratet
   (B) erfolgreich
   (C) schnell
   (D) geschickt
   (E) sportlich

160) Herr Geyer leidet an ...

   (A) Ohrenschmerzen
   (B) einem Beinbruch
   (C) Blähungen
   (D) Rheuma
   (E) einem Schädelbasisbruch

Antwortbogen

Muster zuordnen 1

Nr.	A	B	C	D	E
1	A⬭	B⬭	C⬭	D⬭	E⬭
2	A⬭	B⬭	C⬭	D⬭	E⬭
3	A⬭	B⬭	C⬭	D⬭	E⬭
4	A⬭	B⬭	C⬭	D⬭	E⬭
5	A⬭	B⬭	C⬭	D⬭	E⬭
6	A⬭	B⬭	C⬭	D⬭	E⬭
7	A⬭	B⬭	C⬭	D⬭	E⬭
8	A⬭	B⬭	C⬭	D⬭	E⬭
9	A⬭	B⬭	C⬭	D⬭	E⬭
10	A⬭	B⬭	C⬭	D⬭	E⬭
11	A⬭	B⬭	C⬭	D⬭	E⬭
12	A⬭	B⬭	C⬭	D⬭	E⬭
13	A⬭	B⬭	C⬭	D⬭	E⬭
14	A⬭	B⬭	C⬭	D⬭	E⬭
15	A⬭	B⬭	C⬭	D⬭	E⬭
16	A⬭	B⬭	C⬭	D⬭	E⬭
17	A⬭	B⬭	C⬭	D⬭	E⬭
18	A⬭	B⬭	C⬭	D⬭	E⬭
19	A⬭	B⬭	C⬭	D⬭	E⬭
20	A⬭	B⬭	C⬭	D⬭	E⬭
21	A⬭	B⬭	C⬭	D⬭	E⬭
22	A⬭	B⬭	C⬭	D⬭	E⬭
23	A⬭	B⬭	C⬭	D⬭	E⬭
24	A⬭	B⬭	C⬭	D⬭	E⬭

Schlauchfiguren 1

Nr.	A	B	C	D	E
49	A⬭	B⬭	C⬭	D⬭	E⬭
50	A⬭	B⬭	C⬭	D⬭	E⬭
51	A⬭	B⬭	C⬭	D⬭	E⬭
52	A⬭	B⬭	C⬭	D⬭	E⬭
53	A⬭	B⬭	C⬭	D⬭	E⬭
54	A⬭	B⬭	C⬭	D⬭	E⬭
55	A⬭	B⬭	C⬭	D⬭	E⬭
56	A⬭	B⬭	C⬭	D⬭	E⬭
57	A⬭	B⬭	C⬭	D⬭	E⬭
58	A⬭	B⬭	C⬭	D⬭	E⬭
59	A⬭	B⬭	C⬭	D⬭	E⬭
60	A⬭	B⬭	C⬭	D⬭	E⬭
61	A⬭	B⬭	C⬭	D⬭	E⬭
62	A⬭	B⬭	C⬭	D⬭	E⬭
63	A⬭	B⬭	C⬭	D⬭	E⬭
64	A⬭	B⬭	C⬭	D⬭	E⬭
65	A⬭	B⬭	C⬭	D⬭	E⬭
66	A⬭	B⬭	C⬭	D⬭	E⬭
67	A⬭	B⬭	C⬭	D⬭	E⬭
68	A⬭	B⬭	C⬭	D⬭	E⬭
69	A⬭	B⬭	C⬭	D⬭	E⬭
70	A⬭	B⬭	C⬭	D⬭	E⬭
71	A⬭	B⬭	C⬭	D⬭	E⬭
72	A⬭	B⬭	C⬭	D⬭	E⬭

Muster zuordnen 2

Nr.	A	B	C	D	E
1	A⬭	B⬭	C⬭	D⬭	E⬭
2	A⬭	B⬭	C⬭	D⬭	E⬭
3	A⬭	B⬭	C⬭	D⬭	E⬭
4	A⬭	B⬭	C⬭	D⬭	E⬭
5	A⬭	B⬭	C⬭	D⬭	E⬭
6	A⬭	B⬭	C⬭	D⬭	E⬭
7	A⬭	B⬭	C⬭	D⬭	E⬭
8	A⬭	B⬭	C⬭	D⬭	E⬭
9	A⬭	B⬭	C⬭	D⬭	E⬭
10	A⬭	B⬭	C⬭	D⬭	E⬭
11	A⬭	B⬭	C⬭	D⬭	E⬭
12	A⬭	B⬭	C⬭	D⬭	E⬭
13	A⬭	B⬭	C⬭	D⬭	E⬭
14	A⬭	B⬭	C⬭	D⬭	E⬭
15	A⬭	B⬭	C⬭	D⬭	E⬭
16	A⬭	B⬭	C⬭	D⬭	E⬭
17	A⬭	B⬭	C⬭	D⬭	E⬭
18	A⬭	B⬭	C⬭	D⬭	E⬭
19	A⬭	B⬭	C⬭	D⬭	E⬭
20	A⬭	B⬭	C⬭	D⬭	E⬭
21	A⬭	B⬭	C⬭	D⬭	E⬭
22	A⬭	B⬭	C⬭	D⬭	E⬭
23	A⬭	B⬭	C⬭	D⬭	E⬭
24	A⬭	B⬭	C⬭	D⬭	E⬭

Schlauchfiguren 2

Nr.	A	B	C	D	E
49	A⬭	B⬭	C⬭	D⬭	E⬭
50	A⬭	B⬭	C⬭	D⬭	E⬭
51	A⬭	B⬭	C⬭	D⬭	E⬭
52	A⬭	B⬭	C⬭	D⬭	E⬭
53	A⬭	B⬭	C⬭	D⬭	E⬭
54	A⬭	B⬭	C⬭	D⬭	E⬭
55	A⬭	B⬭	C⬭	D⬭	E⬭
56	A⬭	B⬭	C⬭	D⬭	E⬭
57	A⬭	B⬭	C⬭	D⬭	E⬭
58	A⬭	B⬭	C⬭	D⬭	E⬭
59	A⬭	B⬭	C⬭	D⬭	E⬭
60	A⬭	B⬭	C⬭	D⬭	E⬭
61	A⬭	B⬭	C⬭	D⬭	E⬭
62	A⬭	B⬭	C⬭	D⬭	E⬭
63	A⬭	B⬭	C⬭	D⬭	E⬭
64	A⬭	B⬭	C⬭	D⬭	E⬭
65	A⬭	B⬭	C⬭	D⬭	E⬭
66	A⬭	B⬭	C⬭	D⬭	E⬭
67	A⬭	B⬭	C⬭	D⬭	E⬭
68	A⬭	B⬭	C⬭	D⬭	E⬭
69	A⬭	B⬭	C⬭	D⬭	E⬭
70	A⬭	B⬭	C⬭	D⬭	E⬭
71	A⬭	B⬭	C⬭	D⬭	E⬭
72	A⬭	B⬭	C⬭	D⬭	E⬭

Antwortbogen

Figuren lernen 1

Nr.	A	B	C	D	E
121	A	B	C	D	E
122	A	B	C	D	E
123	A	B	C	D	E
124	A	B	C	D	E
125	A	B	C	D	E
126	A	B	C	D	E
127	A	B	C	D	E
128	A	B	C	D	E
129	A	B	C	D	E
130	A	B	C	D	E
131	A	B	C	D	E
132	A	B	C	D	E
133	A	B	C	D	E
134	A	B	C	D	E
135	A	B	C	D	E
136	A	B	C	D	E
137	A	B	C	D	E
138	A	B	C	D	E
139	A	B	C	D	E
140	A	B	C	D	E

Fakten lernen 1

Nr.	A	B	C	D	E
141	A	B	C	D	E
142	A	B	C	D	E
143	A	B	C	D	E
144	A	B	C	D	E
145	A	B	C	D	E
146	A	B	C	D	E
147	A	B	C	D	E
148	A	B	C	D	E
149	A	B	C	D	E
150	A	B	C	D	E
151	A	B	C	D	E
152	A	B	C	D	E
153	A	B	C	D	E
154	A	B	C	D	E
155	A	B	C	D	E
156	A	B	C	D	E
157	A	B	C	D	E
158	A	B	C	D	E
159	A	B	C	D	E
160	A	B	C	D	E

Figuren lernen 2

Nr.	A	B	C	D	E
121	A	B	C	D	E
122	A	B	C	D	E
123	A	B	C	D	E
124	A	B	C	D	E
125	A	B	C	D	E
126	A	B	C	D	E
127	A	B	C	D	E
128	A	B	C	D	E
129	A	B	C	D	E
130	A	B	C	D	E
131	A	B	C	D	E
132	A	B	C	D	E
133	A	B	C	D	E
134	A	B	C	D	E
135	A	B	C	D	E
136	A	B	C	D	E
137	A	B	C	D	E
138	A	B	C	D	E
139	A	B	C	D	E
140	A	B	C	D	E

Fakten lernen 2

Nr.	A	B	C	D	E
141	A	B	C	D	E
142	A	B	C	D	E
143	A	B	C	D	E
144	A	B	C	D	E
145	A	B	C	D	E
146	A	B	C	D	E
147	A	B	C	D	E
148	A	B	C	D	E
149	A	B	C	D	E
150	A	B	C	D	E
151	A	B	C	D	E
152	A	B	C	D	E
153	A	B	C	D	E
154	A	B	C	D	E
155	A	B	C	D	E
156	A	B	C	D	E
157	A	B	C	D	E
158	A	B	C	D	E
159	A	B	C	D	E
160	A	B	C	D	E

MEDITRAIN

Zentralstelle für Testtraining des IFT
Instituts für Testforschung & Testtraining Köln

Bietet 1- bis 5-tägige TMS-EMS-Intensiv-Trainingsseminare zum Eignungstest Medizin (EMS-TMS)

- Schulung anhand Ihnen unbekannter EMS/TMS-Übungsaufgaben
- Der Testablauf wird detailgenau simuliert. Zeitplanung, Organisation, Dauer und Reihenfolge der Untertests entsprechen exakt dem Ernstfall.
- Sie lernen Ihre Stärken und Schwächen bei der Bearbeitung der einzelnen Untertests kennen
- Wir vermitteln Ihnen effektive Lösungs- und Arbeitsstrategien für die verschiedenen Aufgabentypen des TMS/EMS
- Sie üben testwirksame Konzentrations- und Entspannungstechniken – entspannt arbeiten Sie konzentrierter und schaffen mehr Aufgaben als unter Stress.
- Sie erfahren wie Ihre „Konkurrenten" arbeiten und sich zusätzlich auf den Medizinertest vorbereiten.
- Sie lernen, auf welches Arbeitstempo Sie sich bei der Bearbeitung der einzelnen Untertests einstellen müssen.
- Während der Testsimulation werden Sie von einem Trainer beobachtet, der Ihr Verhalten registriert, analysiert und Sie individuell berät.
- In einem speziellen Mathematiktraining erarbeiten wir mit Ihnen die Grundlagen zur Bewältigung des Untertests „Quantitative und formale Probleme".
- Sie lernen Punkte zu machen, wo das schnell und sicher möglich ist.
- Unsere Erfolgstrainer haben alle eine testrelevante Hochschulausbildung, sind Testexperten und befassen sich seit mehr als 15 Jahren mit dem Eignungstest für das Medizinstudium.
- Meditrain gilt als Pionier in der Vorbereitung auf den Medizinertest und wird von vielen Anwaltskanzleien und privaten Bildungseinrichtungen als bestes Ausbildungsinstitut empfohlen.

Unsere von Spezialisten geleiteten, professionellen Vorbereitungsseminare, können Sie in vielen Stadten der Bundesrepublik Deutschland, in Österreich und der Schweiz buchen. Besuchen Sie uns auf unserer homepage im Internet unter:

www.tms-medizinertest.de
www.ems-eignungstest.ch

Unser Ziel ist Ihr Erfolg! Und für den setzen wir uns kompromisslos ein!

Lösungsschlüssel

Muster zuordnen 1

Nr.	Antwort
1	E
2	C
3	B
4	A
5	D
6	C
7	A
8	D
9	B
10	E
11	C
12	B
13	D
14	E
15	A
16	A
17	E
18	B
19	C
20	B
21	D
22	C
23	D
24	E

Schlauchfiguren 1

Nr.	Antwort
49	C
50	A
51	B
52	E
53	C
54	D
55	A
56	D
57	E
58	C
59	A
60	E
61	C
62	B
63	D
64	E
65	C
66	A
67	B
68	C
69	D
70	E
71	A
72	B

Muster zuordnen 2

Nr.	Antwort
1	C
2	B
3	D
4	B
5	E
6	A
7	B
8	E
9	C
10	A
11	D
12	B
13	E
14	B
15	C
16	A
17	D
18	E
19	C
20	D
21	E
22	B
23	C
24	A

Schlauchfiguren 2

Nr.	Antwort
49	A
50	E
51	D
52	E
53	D
54	B
55	A
56	B
57	C
58	E
59	B
60	C
61	B
62	D
63	A
64	B
65	C
66	E
67	A
68	D
69	B
70	A
71	C
72	D

Lösungsschlüssel

Figuren lernen 1

Nr.	A	B	C	D	E
121		●			
122			●		
123			●		
124					●
125			●		
126			●		
127					●
128		●			
129				●	
130	●				
131					●
132			●		
133				●	
134		●			
135				●	
136				●	
137				●	
138	●				
139			●		
140					●

Fakten lernen 1

Nr.	A	B	C	D	E
141				●	
142					●
143			●		
144	●				
145		●			
146			●		
147		●			
148					●
149	●				
150				●	
151		●			
152			●		
153	●				
154				●	
155					●
156			●		
157				●	
158					●
159	●				
160		●			

Figuren lernen 2

Nr.	A	B	C	D	E
121		●			
122			●		
123			●		
124				●	
125	●				
126				●	
127			●		
128					●
129	●				
130				●	
131			●		
132			●		
133					●
134	●				
135			●		
136		●			
137					●
138					●
139			●		
140	●				

Fakten lernen 2

Nr.	A	B	C	D	E
141			●		
142		●			
143					●
144				●	
145				●	
146	●				
147				●	
148			●		
149		●			
150				●	
151			●		
152					●
153	●				
154	●				
155		●			
156					●
157			●		
158					●
159		●			
160	●				